En la búsqueda de la felicidad

Anahi P. Muñoz

"El error básico que las personas suelen cometer es creer que la felicidad es la meta final"

-François Lelord, Héctor y la búsqueda de la felicidad

Dedicación

Querido papá,

    Este libro está dedicado a ti, mi eterno apoyo espiritual y fuente de inspiración. Recuerdo con cariño cuando solías llamarme "mi futuro biológico".

    Porque, aunque no estuviste, yo sé que siempre me hubieras alentado a seguir mis sueños y alcanzar mis metas; y aquellas palabras casuales quizás, fueron el combustible que encendió mi determinación y confianza.

Prefacio

Escribí la primera edición de este libro en el 2016 cuando recién comenzaba mi viaje en el campo de la salud mental como enfermera de practica avanzada.

Escribirlo me sirvió como una exploración de lo que yo entendía que era la búsqueda humana universal de la felicidad. Sin embargo, desde entonces, han ocurrido varios eventos en la vida que me han llevado a cambiar mi percepción subjetiva de la felicidad.

Hoy ya no busco la aprobación de la gente como medida de mi

felicidad. Me he dado cuenta de que el crecimiento personal implica reconocer que no soy la misma persona que era hace siete años atrás. En esta realización encuentro un sentido de crecimiento y desarrollo.

Mi comprensión actual de la felicidad se centra en diferentes aspectos, como ser testigo de la autosuficiencia de mis hijos en la vida, dar paseos tranquilos por los bosques de Maggie Valley en Carolina del Norte, observar cómo florecen las plantas en mi jardín, sentir el aire refrescante y la calidez del sol en mi piel, y simplemente estar presente en el momento.

    A través de este viaje me di cuenta de que la felicidad es un estado dinámico, en constante cambio y evolución en conexión directa con nuestro propio crecimiento personal.

Tabla de Contenido

Introducción	4
La definición de felicidad	6
La ciencia de la felicidad	13
El dolor emocional	17
Domestica tus emociones	21
Superando el dolor emocional	25
La felicidad en diferentes culturas	29
Huyendo de la felicidad	33
Construyendo una vida feliz	36

Introducción

*"La felicidad no es algo que se pospone para el futuro;
es algo que se diseña para el presente"*
-Jim Rohn-

¿Con qué frecuencia te preguntas si eres realmente feliz?, o ¿Te encuentras preguntándote sobre la felicidad de otra persona? ¿Te has detenido alguna vez a examinar el significado exacto de la felicidad? ¿Qué, exactamente, es esta felicidad que tanto anhelas? ¿Qué tan lejos estás dispuesto a ir en busca de la verdadera felicidad? Ciertamente, el anhelo de la felicidad es un sentimiento genuino, pero lo incierto es por dónde empezar a buscar.

La búsqueda de la felicidad es parte de la naturaleza humana, e indudablemente todos deseamos encontrar nuestra felicidad.

Pero ¿Qué es la felicidad? ¿Qué es lo que nos hace sentir feliz?

Felicidad para mí es tener grandes conversaciones con mis hijos, mi pareja o mis amigos mientras disfrutamos de un delicioso asado, acompañado con un buen vino Mendocino, o recibir una ovación de pie al final de un discurso motivacional, o simplemente ser y estar, sentir el viento y la calidez del sol primaveral en mí piel y respirar el aire puro del bosque, escuchando el trinar de los pájaros.

Sin lugar a duda, mi versión de la felicidad difiere grandemente de tu taza de chocolate caliente mientras lees un libro interesante en un día lluvioso, o llegas a la casa una hora más temprano para hacer la tarea con tus hijos.

Claramente, el estímulo y la motivación para alcanzar la felicidad están basados en sentimientos subjetivos, y por lo tanto difícil de medir objetivamente.

Si bien, el concepto de la "felicidad" puede ser interpretado de manera uniforme, entre las personas de una misma culture. Este, carece de una definición universalmente aceptada y sus interpretaciones pueden ser numerosas y a menudo opuestas.

Sin embargo, e indudablemente, la felicidad es la experiencia diaria de vivir cada minuto de nuestra vida con amor, gracia y gratitud. Es encontrar alegría en los pequeños momentos, abrazar la belleza que nos rodea y apreciar la abundancia presente en cada instante. La felicidad no se encuentra en la búsqueda constante de logros o posesiones materiales, sino en la capacidad de amar y ser amado, de mostrar compasión y generosidad hacia los demás, y de cultivar una actitud de gratitud por todo lo que tenemos. Al vivir con amor, gracia y gratitud, descubrimos que la felicidad es una elección consciente que transforma nuestra existencia y nos permite encontrar significado y plenitud en cada día que se nos brinda.

La definición de felicidad

"La felicidad es algo que se multiplica cuando se divide."
-Paulo Coelho-

Frecuentemente, las personas asocian la felicidad con la satisfacción inmediata; como por ejemplo la satisfacción que produce el estar reunido con otras personas, el disfrutar de nuevas vivencias, la pasión y el furor de la sensualidad o el placer en degustar una buena comida.

Sin lugar a duda, estas son todas experiencias valorables y satisfactorias, pero ciertamente estos episodios no son la felicidad. En realidad, estas ocurrencias están más en sintonía con la definición de placer.

Estos son eventos que realzan momentos, momentos para disfrutar y dejarlos pasar. Un nuevo sabor para degustar y recordar. Un evento que se esperaba para disfrutarlo y luego dejarlo ir. La intensidad del sexo, la pasión y el placer, un cálido sentimiento para evocar.

Pero, el placer no es felicidad. El placer es transitorio; y el placer tiene que ser breve porque si estuviéramos continuamente experimentando placer, entonces, nuestros cerebros se habituarían a ello y el placer se tornaría en una diaria rutina.

En este caso, el sentimiento de satisfacción se convertiría en una práctica diaria y para obtener emociones fuera de lo ordinario, que nos hicieran sentir bien otra vez deberíamos estar todo el tiempo adquiriendo nuevas y diferentes experiencias; así nos encontraríamos atrapados en un espiral sin fin persiguiendo el placer de sentirnos bien interminablemente.

¿Pero, si la felicidad no es lo mismo que el placer, qué es la felicidad?

La felicidad se experimenta al alcanzar lo que necesitamos para encontrar plenitud en nuestra vida. En resumen, la felicidad se logra cuando nos sentimos cómodos y satisfechos con quienes somos. Puede ser definida como la sensación de satisfacción y confianza en uno mismo, así como en la dirección que hemos tomado en nuestra vida.

Sin embargo, la profunda conexión y el entendimiento de uno mismo se alcanzan solamente cuando las necesidades fisiológicas básicas, la necesidad de seguridad y de afecto están satisfechas

En este sentido, la psicología positiva ha identificado por lo menos nueve necesidades humanas que deben satisfacerse para poder alcanzar un estado personal superior que permita la felicidad.

Éstas son:

La necesidad de bienestar, asociada a la salud del cuerpo físico la cual afecta el estado de ánimo y nuestras emociones; así como el estado de ánimo y las emociones se sabe que afectan a la salud del cuerpo.

Las necesidades del medio ambiente, constituidas por factores externos como la seguridad del entorno, la disponibilidad de alimento, y el goce de la libertad.

La necesidad de placer, determinada por experiencias temporales tales como la alegría, el placer sexual, y la degustación de alimentos.

La necesidad de relaciones sociales basada en la conexión con otros seres humanos.

La necesidad de que nuevas experiencias, relacionada con la forma en que los individuos experimentan de su entorno a través de la intrepidez y la curiosidad.

La necesidad del significado, que representa la determinación, perseverancia y visión para entender el propósito de la vida.

La necesidad de contribución, asociada a la participación en actividades sociales.

La necesidad de éxito, concerniente con a la apreciación obtenida de las otras personas y la validación hacia uno mismo.

La necesidad de flexibilidad, relacionada con el modo en que las personas se recuperan de eventos negativos inevitables de la vida.

Estas nueve categorías no solo intentan albergan una variedad de necesidades humanas de una manera amplia y útil, sino que además reflejan la intrincada dinámica de como los pensamientos y sentimientos se superponen en nuestra mente.

Por ejemplo, la emocionante experiencia de subirse en una montaña rusa ofrece una experiencia única que combina la necesidad de flexibilidad representada por el miedo, la alegría que representa la necesidad de placer y la aventura que representa la necesidad de nuevas experiencias. También, se superponen a estas emociones otras como la de ser parte de un grupo, y compartir con otros; así como la necesidad de bienestar que se relaciona con la sensación de mariposas en el estómago producida por la ansiedad de esta experiencia. Finalmente, la valentía por haberse subido a la montaña rusa producirá la recompensa de haberlo hecho y el individuo experimentará la sensación de éxito. Todas estas emociones cuyo producto final es la felicidad se pueden experimentar en un solo evento, todas acompasadas al mismo tiempo. Sin duda, la forma en que se busca satisfacer las necesidades, la combinación compleja y la manifestación de estas, junto con la genética de cada individuo y la cultura de cada uno, hace de cada persona un ser único y valorable.

"No es lo que posees, o quién eres, o donde estás, o lo qué haces que te hace feliz o infeliz. Es lo que piensas".
-Dale Carnegie-

Posiblemente la mejor manera de describir o definir qué es la felicidad, comienza definiendo lo que no es la felicidad. Por lo tanto, **felicidad no es sentirse bien todo el tiempo.** Probablemente, una actitud extremadamente nociva que está afectando a la salud mental de las personas en el mundo occidental es el deseo de querer ser feliz todo el tiempo; y no solamente desear ser feliz todo el tiempo, sino que, las personas esperan que la felicidad les llegue exteriormente, y creen que tal condición puede y debe ocurrir todo el tiempo.

Si sentirse continuamente bien fuera el único requisito para la felicidad, entonces una persona que se atraca con chocolate, o con sustancias adictivas todos los días debería clasificarse a sí mismo como un ser feliz todo el tiempo. Sin embargo, para alcanzar una salud mental óptima es necesario experimentar buenos y malos momentos. De hecho, si se fuera feliz todo el tiempo se estaría en riesgo de perder la capacidad de responder adecuadamente a las diferentes emociones.

Entonces, es necesario para alcanzar un estado de autorrealización que el individuo se exponga tanto a experiencias emocionales positivas como negativas. De esta manera aprenderá a desarrollar mecanismos de defensa psicológicos para protegerse o evitar exponerse a situaciones nocivas en el futuro.

En otras palabras, si te sientes bien todo el tiempo, de hecho, socavarás tu capacidad para sentirte bien, y no habrá cantidad suficiente de buenas sensaciones que lograren satisfacerte otra vez.

Felicidad no es ser rico y poder pagar por todo lo que quieres; la pobreza sin duda alguna hace que sea difícil satisfacer las necesidades, pero fuera de ello, el dinero no compra la felicidad. Supongamos que inesperadamente tu ingreso mensual se elevara de $2.000 a $5.000, seguramente en el corto plazo te sientas intensamente alegre.

Sin embargo, será sólo cuestión de tiempo antes de que tu estilo de vida se modifique para adaptarse a tu nuevo ingreso. Antes de lo que imaginas, te sentirás igual otra vez como cuando tus ingresos mensuales eran menores. Esto también se aplica para la alegría pasajera de adquirir cualquiera de los bienes materiales que tanto tiempo se anhelo.

Por ejemplo, mudarse a una casa nueva, comprarse un vehículo o un nuevo vehículo, el ultimo celular que se anuncia en el mercado o la televisión de alta definición con pantalla de plasma.

La felicidad no es el destino final; usted no puede pasarse toda la vida preguntándose, "¿He alcanzado ya a la felicidad? ¿Cuánto más me falta para logar alcanzarla?"

La felicidad no es un proyecto con fecha de vencimiento, y no se puede tratar de alcanzarla como si fuera una meta o una causa final. La vida trae consigo retos, y cambios continuos que requieren de esfuerzo y consistencia para encontrar y mantener a la felicidad.

La felicidad no es un evento de la vida que sucede de manera aislada, y los acontecimientos de la vida que nos hacen felices en el corto plazo, tales como el nacimiento de un niño o graduarse de la Universidad, desaparecen con el tiempo en la medida en la que nos acostumbramos a ellos.

Con suficiente practica la persona puede aprender a controlar cómo se siente, se pueden formar hábitos para una vida más plena y satisfactoria.

La felicidad se construye en el tiempo presente, en este momento, un día a la vez.

Entonces, **¿QUÉ ES LA FELICIDAD?**

Según estudios en esta área, la felicidad se considera un sentimiento subjetivo que surge de la combinación de encontrar el significado de la vida personal y sentirse satisfecho con las actividades que uno realiza para ganarse la vida y cubrir sus necesidades diarias. Es decir, la felicidad está relacionada con encontrar un propósito en la vida y experimentar una sensación de bienestar en las actividades cotidianas.

Sin embargo, es importante tener en cuenta que la definición y experiencia de la felicidad pueden variar de una persona a otra, ya que cada individuo tiene sus propias circunstancias, valores y metas personales.

Por lo tanto, la felicidad puede tener diferentes significados y manifestaciones según la perspectiva individual.

Aunque el bienestar completo y el balance espiritual pueden ser difíciles de conseguir, y aún más difícil de mantener, a la felicidad no se la trata como un todo o nada.

Es cierto que la felicidad abarca una amplia gama de experiencias emocionales y puede variar desde estados de deleite y satisfacción hasta situaciones de tristeza y angustia. Existen diversos factores que influyen en los niveles de felicidad de una persona, como las circunstancias de vida, las relaciones interpersonales, la salud física y mental, las metas personales y los valores individuales.

Afortunadamente, la mayoría de las personas pueden encontrar su felicidad en algún lugar intermedio dentro de este espectro. Esto implica experimentar momentos de alegría, satisfacción y bienestar, a pesar de que también puedan enfrentar desafíos y momentos difíciles en la vida. La felicidad no necesariamente implica estar en un estado constante de euforia, sino más bien encontrar un equilibrio emocional y una sensación general de bienestar.

Referencias

Kringelbach, M. L. & Berridge, K. C. (2010). La neurociencia de la felicidad y placer. Investigación social, 77(2), 659.

Layous, K., Sheldon, K. M. y Yubomirsky, S. (2014). Las perspectivas, prácticas y recetas para la búsqueda de la felicidad. Psicología positiva en la práctica: promover el florecimiento humano en trabajo, salud, educación y vida cotidiana, segunda edición, 183-206.

Lyubomirsky, S., Sheldon, K. M. y Schkade, D. (2005). Perseguir la felicidad: la arquitectura del cambio sostenible. Revista de Psicología general, 9.2, 111.

La ciencia de la felicidad

"La felicidad depende más de la disposición interna de la mente que de las circunstancias externas".
-Benjamín Franklin. -

Aunque la felicidad ha estado durante mucho tiempo en el tapete político de la psicología, no ha sido hasta recientemente, con la introducción de la Neurociencia y la psicología positiva, que se ha comenzado a considerar el tema de la felicidad en el debate científico. En las últimas tres décadas, la ciencia de la felicidad ha recibido amplia atención, ya que, por supuesto, todo el mundo quiere ser muy feliz y probablemente en este momento más que nunca dado el alto nivel de estrés embebido en el estilo de vida moderna.

Por cierto, la psicología positiva que es la rama de la psicología que utiliza el conocimiento científico junto con intervenciones terapéuticas para ayudar a las personas a obtener una vida satisfactoria, ha definido a la felicidad como "el estado subjetivo de bienestar", interpretándose como la capacidad que una persona posee para poder cognitivamente producir una evaluación emocional de su vida. En otras palabras, el bienestar subjetivo que constituye a la felicidad es una combinación entre el sentimiento de satisfacción con la vida y el de desempeño social de la persona.

Curiosamente, cuando los investigadores científicos en Psicología positiva estaban tratando de identificar el bienestar subjetivo en un estudio en el que participaron cuatrocientas tres personas que acordaron completar un cuestionario escrito; se encontró que aproximadamente en el cincuenta por ciento de las personas la felicidad está determinada por factores genéticos, el cuarenta por ciento por el nivel de satisfacción que encuentran a través de actividades diarias y el restante diez por ciento por situaciones de la vida.

Las personas que participaron en este estudio informaron en un cuestionario escrito su estado de salud general, y su estado de satisfacción personal y con la vida, esperanza y nivel de autoeficacia, así como su percepción acerca del estrés.

El estudio concluyó que existía una relación significativa entre la percepción de la felicidad en las personas y su nivel de bienestar psicológico.

Basado en nuevos hallazgos científicos sobre la felicidad y la química del cerebro, los neurócientificos han generado importantes avances en el estudio de la neuroanatomía funcional del placer, logrando demonstrar que los sentimientos de satisfacción y goce activan simultánea y comprensivamente diferentes áreas del sistema nervioso.

De esta manera, el sistema nervioso simpático estimula la producción de norepinefrina y dopamina. Estos neurotransmisores son responsables de producir sentimientos tales como el de alegría y euforia. Estimulando luego, el sistema nervioso parasimpático que controla las funciones del sistema digestivo y otras funciones involuntarias del organismo.

El cerebro humano produce múltiples neuroquímicos. Sin embargo, solamente unos pocos han logrado ser sido identificados. Entre estos se encuentran la serotonina, la dopamina y la norepinefrina considerados hasta este momento como los principales neurotransmisores encargados de regular el estado de ánimo, las respuestas emocionales, el tedio, los sentimientos de placer y la sensación de bienestar producida por el descanso apropiado, la alimentación, la libido y la frecuencia respiratoria entre otras funciones físicas.

En cuanto al cerebro, no todo puede estar únicamente enfocado en la neuroquímica, también se debe tener en cuenta su estructura anatómica y la actividad eléctrica. Al mismo tiempo, al tratar de determinar diferentes factores que influyen en el balance neuroquímico, no se puede hablar de una receta única que se corresponda con la sensación de bienestar emocional relacionado a la felicidad.

Así mismo, todas las diferentes áreas del cerebro deben funcionar en armonía para crear el balance necesario, para finalmente producir en su conjunto, la tan buscada sensación de felicidad.

Referencias

Davidson, r. J. & schuyler, b. S. (2015). Neurociencia de la felicidad, 88.

De Neve, J. E., Diener, E., Tay, L. & Xuereb, C. (2013). Los beneficios objetivos de la bienestar subjetivo. Informe de la felicidad del mundo.

Kringelbach, M. L. & Berridge, K. C. (2010). La neurociencia de la felicidad y placer. investigación social, 77(2), 659.

El dolor emocional

"El dolor es como el agua. Siempre encuentra la manera de empujar a través de los obstáculos. No hay formal alguna de detenerlo. A veces hay que dejarse hundir hasta el fondo para poder aprender a nadar hacia la superficie."

El dolor emocional o mental es una sensación hostil, de sufrimiento interior y sin aparente relación con causas físicas.

La definición técnica de dolor emocional, también llamado dolor psicógeno; explica a este como la causa del dolor físico.

Factores mentales y emocionales que producen dolor psicógeno, se encuentran a menudo presentes en las vidas de las personas deprimidas, aumentado o prolongado el dolor físico

En otras palabras, aunque no exista ningún estímulo biológico o causa física que produzca el dolor, este aún se siente.

El dolor emocional genera un gran impacto en el organismo, tanto como lo hace en la mente. Este puede producir cambios significantes en el apetito, inhibiendo el deseo de comer, o aumentándolo. También puede producir insomnio y fatiga.

Las emociones dolorosas pueden manifestarse como dolor de cabeza, dolor abdominal, dolores musculoesqueléticos en la espalda, las articulaciones y el cuello, presentándose en forma aislada o combinada.

Así, es que cuando las personas ya no pueden tolerar más el dolor corporal causado por las emociones, deciden buscar ayuda profesional; y generalmente, estos síntomas físicos se traducen en el diagnóstico médico de depresión.

Comúnmente, el dolor físico producido por las emociones dolorosas se manifiesta en las vías nerviosas específicamente controladas por los neurotransmisores Serotonina, Dopamina y Norepinefrina.

Estas son las vías nerviosas que conectan el tronco encefálico, con la corteza frontal donde los neurotransmisores participan en la regulación del estado de ánimo y del pensamiento.

Serotonina, Dopamina y Norepinefrina, también viajan hasta

el hipotálamo en el cerebro, y regulan el apetito, el ciclo del sueño y el deseo sexual.

El dolor causado por las emociones puede ser tan atroz que la mayoría de las personas no poseen la fortaleza necesaria para enfrentarlo.

En cambio, optan inconscientemente por ignorar o minimizar sus emociones. Tratan de adormecer el dolor emocional con un vaso de wiski, con un par de botellas de vino, o con el uso y abuso de diferentes substancias.

Se aíslan, o se autodestruyen participando en actividades ilícitas, gravitando hacia cualquier tipo de situación que brevemente les ayude a deshacerse de los sentimientos y emociones agobiantes y desagradables. Desafortunadamente, estas acciones no aportan soluciones y el consecuente daño amplifica y atraer más dolor emocional.

Por ejemplo, en el corto plazo, las acciones auto destructivas pueden causar la impresión de estar contribuyendo a mantener la calma.

Sin embargo, a la larga, esta forma disfuncional de mantener las emociones bajo "control" termina solamente produciendo intensa ansiedad, así como, profundo malestar y turbación psíquica.

Así es que, individuos en profundo dolor emocional terminan dañando sus relaciones con otras personas interesadas en su bienestar, tales como sus amigos y familia; también puede que terminen necesitando atención médica como consecuencia de heridas auto infligidas.

El resultado de estas acciones puede conducir al individuo a experimentar culpa o vergüenza por su comportamiento.

En otras palabras, cuando se resiste el dolor emocional en lugar de enfrentarlo, cuando la persona se juzga a sí misma o trata de alejar, evitar, enmascarar o ignorar sus emociones; esto termina desencadenando emociones aún más dolorosas, resultando en continuo dolor emocional.

Muchas veces, cuando estamos profundamente angustiados nos transformamos en seres irracionales, en versiones absurdas de nosotros mismos.

Es importante no culparse a uno mismo, o avergonzarse frente al surgimiento de estas emociones, no importa que tan dolorosas puedan ser.

dolorosas emociones y aprender a sanar saludablemente estas heridas.

Afrontar nuestras emociones dolorosas implica reconocer, aceptar y explorar activamente esos sentimientos incómodos. En lugar de suprimirlos o ignorarlos, es necesario permitirnos sentirlos y comprender su origen. Esto puede ser un proceso desafiante, ya que a menudo nos resistimos a enfrentar el dolor emocional, pero es un paso esencial para nuestro crecimiento personal y nuestro bienestar mental.

La sanación saludable implica encontrar formas constructivas de lidiar con nuestras heridas emocionales. Esto puede incluir buscar el apoyo de profesionales de la salud mental, como terapeutas o consejeros, quienes pueden brindar herramientas y técnicas para abordar y procesar esas emociones.

Además, practicar el autocuidado, como el cuidado físico, la alimentación adecuada, el ejercicio regular, el descanso adecuado y las actividades que nos brindan alegría y satisfacción, también puede contribuir a nuestro proceso de sanación.

A medida que aprendemos a enfrentar y sanar nuestras emociones dolorosas, podemos abrir espacio para la felicidad genuina y duradera. Al permitirnos sentir y procesar nuestras heridas emocionales, podemos desarrollar una mayor resiliencia, comprensión y aceptación de nosotros mismos, lo que a su vez nos permite experimentar una mayor satisfacción y plenitud en nuestras vidas.

Permítete sentir, resiste los deseos de ahogar o adormecer estos abrumadores sentimientos con alcohol, drogas o acciones autodestructivas.

La sanación emocional comienza cuando te liberas del auto

juzgamiento y te permites no sentir vergüenza por estar experimentando dolor. Es importante recordar que todos enfrentamos desafíos emocionales en algún momento de nuestras vidas, y experimentar dolor y sufrimiento no es motivo de vergüenza ni debilidad.

Al aceptar tus emociones y permitirte atravesar el dolor, puedes comenzar a trabajar en tu sanación. Esto implica desarrollar compasión hacia ti mismo y reconocer que mereces amor y cuidado, incluso en tus momentos más difíciles. La sanación emocional también implica aprender a perdonarte a ti mismo y a otros, y dejar ir el peso del pasado que puede estar afectando tu bienestar presente.

Referencias

Berger, M., gris, L. j. A. & Roth, B. (2009). La biología ampliada de la serotonina. Anual revisión de la medicina, 60, 355-366.

Borsook, D. & Becerra, L. (2009). Dolor emocional sin dolor sensorial, Dream on?Neurona, 61.2, 153-155.

Me, S., Bunney, B. G., Bunney, w. E., Hetrick, W., Potkin, S. G. & reista, C. (2011). Evaluación del dolor psicológico en los episodios depresivos mayores. Diario de Investigación psiquiátrica, 45(11), 1504-1510.

Domestica tus emociones

"Cualquier pensamiento que active un estado de ánimo negativo en tu vida, no merece ni un solo momento en tu mente".
-Edmond Mbiaka-

Las emociones pueden llegar a ser intensamente barbáricas e incontrolables; incluso pueden llegar a gobernar nuestras vidas a su libre albedrío.

Muchas veces, sin embargo, aunque tratemos de ser razonables, de manejar y controlar nuestros sentimientos, estos pueden en un minuto volverse en nuestra contra y colocarse a cargo.

Entonces, ¿cómo podemos domesticar algo que es tan naturalmente humano como lo son nuestras emociones?

Todos podemos experimentar diferentes sentimientos al azar en el diario vivir. Pero, para algunas personas, las emociones pueden llegar a salirse desproporcionadamente de las circunstancias y volverse totalmente "fuera de control".

Es como si nuestras emociones nos tomaran por rehenes y se negaran a ceder el poder o el control.

Indudablemente, experimentar emociones es necesario. Las emociones dan color y vivacidad a nuestras vidas. Nos permiten amar, guían nuestra brújula ética e iluminan decisiones.

Pero el problema comienza cuando las emociones dominan nuestra mente y nuestros pensamientos, al punto de tornarse en algo profundamente aterrador.

Cuando no podemos controlar la emoción de ansiedad, o cuando no podemos controlar la emoción de desesperación y desesperanza, entonces puede llegar a ser seriamente preocupante.

La ansiedad es una respuesta natural del cuerpo ante situaciones percibidas como amenazantes, y en ciertas circunstancias, puede ser útil para mantenernos alerta y tomar medidas adecuadas.

Sin embargo, cuando la ansiedad se vuelve persistente, intensa o desproporcionada a la situación, puede convertirse en un trastorno de ansiedad y dificultar el funcionamiento diario.

La desesperación y la desesperanza suelen estar asociadas con la depresión y pueden surgir cuando una persona se siente abrumada por una sensación de tristeza profunda, pérdida de interés en actividades, desmotivación y falta de esperanza para el futuro.

Por esta razón, es importante aprender a domesticar y entender nuestros sentimientos, identificándolos y regulándolos para no ser víctimas de nuestra propia reactividad

Por lo tanto, es fundamental:

Observar las Emociones: Permítete sentir tus emociones sin juzgarte y apreciando el proceso emocional que estas experimentando.

Por ejemplo, podrías terminar dándote cuenta de que te sientes herido o que te estás preocupando demasiado, y sientes ganas de llorar; en esos momentos, haz el esfuerzo de observar y reconocer tus emociones sin juzgarte a ti mismo.

Validar las Emociones y Aceptarlas:

Nuevamente, no te juzgues por tus emociones. Si lo haces, entonces generaras culpa, frustración y añadirás más dolor

Una vez que reconoces y validas tus emociones entonces puedes decir "sí, me siento enojada/o. Sé que mi ira ha sido desproporcionada, acepto que la situación que desencadenó mi cólera en el presente me recordó una situación similar sin resolver del pasado".

Cuando finalmente alcanzas este nivel de aceptación y validación, entonces estas apto para centrarte en la solución del problema.

Enfocarse en el presente:

En lugar de sentarse a sentir "lastima" por uno mismo, es importante centrarse en identificar el problema y enfocarse en una solución, esto representa una medida mucho más proactiva.

Lamentablemente, las personas se obsesionan con el sentimiento de autocompasión, se juzgan a sí mismas o juzgan a esas personas o situaciones que desencadenaron las emociones abrumadoras y dolorosas.

Especulan e insisten acerca de los detalles de la situación.

Piensan, revisan, repasan cada detalle de la situación, reviven en sus mentes una y otra, y otra vez experiencias desagradable y decepcionantes.

Mientras tanto, este proceso doloroso que no permite cicatrizar las heridas afecta el bienestar físico y mental.

Solamente, si se deja de cavar en ellas profundamente, se podrá evitar el riesgo de que estas heridas emocionales dejen huellas permanentes que afecten la integridad mental.

El primer paso para superar pensamientos recurrentes es darse cuenta de que otras personas no ven el mundo de la misma manera que tú lo ves.

Es fácil caer en la trampa de creer que nuestra perspectiva es la única válida y que todos deberían ver las cosas de la misma manera. Sin embargo, cada individuo tiene sus propias experiencias, creencias, valores y filtros perceptuales que influyen en cómo interpretan y comprenden el mundo.

Reconocer esta diversidad de perspectivas es fundamental para liberarnos de los pensamientos recurrentes y rígidos. Al comprender que otros pueden tener puntos de vista diferentes, nos abrimos a la posibilidad de considerar nuevas ideas, aprender de los demás y ver situaciones desde múltiples ángulos.

Es importante reconocer y aceptar nuestros propios sentimientos mientras nos enfocamos en identificar la causa de nuestras emociones dolorosas. A menudo, tendemos a resistir o negar nuestras emociones incómodas, lo cual puede llevar a una mayor angustia emocional. Sin embargo, al permitirnos sentir y aceptar estas emociones, podemos comenzar a comprender mejor su origen y trabajar hacia su resolución.

Reconocer y aceptar nuestros sentimientos implica validar nuestras emociones y comprender que son una parte natural y legítima de nuestra experiencia humana. Negar o reprimir nuestras emociones puede llevar a un aumento del malestar y dificultar el proceso de sanación emocional. Al dar espacio a nuestros sentimientos, podemos explorar más a fondo las razones detrás de ellos y buscar formas saludables de abordarlos.

Aceptar y reflexionar sobre nuestras propias emociones puede ser un desafío, pero es una habilidad que se puede aprender con suficiente practica

    El proceso de aprender a aceptar y reflexionar sobre nuestras emociones comienza con el discernimiento de lo que estamos sintiendo en un momento dado. Esto implica prestar atención a nuestras respuestas emocionales, identificar las emociones específicas que estamos experimentando y aceptarlas sin juzgarlas. A veces, esto puede implicar reconocer que nuestras emociones pueden no ser lógicas o racionales, pero eso no las invalida.

Una vez que nos damos permiso para sentir y aceptar nuestras emociones, podemos pasar a la reflexión y exploración más profunda. Esto implica indagar en las causas subyacentes de nuestras emociones, examinar nuestros patrones de pensamiento y creencias que podrían estar contribuyendo a ellas, y considerar cómo nuestras acciones y circunstancias pueden estar influyendo en nuestro estado emocional.

¡Permítete practicar y aprender!

Referencias

Alberts, H. J., Schneider, F., & Martijn, C. (2012). Ocuparse eficientemente de las emociones: Afrontamiento basado en la aceptación con las emociones negativas requiere menos recursos que la supresión. Cognición y emoción, 26(5), 863-870.

Calloway, D. (2010). Usando la práctica de Mindfulness para trabajar con las emociones. Ley de Nevada Diario, 10.2, 3.

Nadler, R. (2009). ¿Qué estaba pensando? Manejo del secuestro. Gestión de negocios.

Paulson, S. (2016). De conocimiento a la sabiduría: la ciencia y la buena vida. Anales de la Academia de Ciencias de Nueva York, 1384(1), 8-11.

Superando el dolor emocional

"El secreto de la vida, sin embargo, es caerse siete veces y levantarse ocho".
-Paulo Coelho-, el alquimista

Todos nos hemos encontrado en algún momento de nuestras vidas afectados por el rechazo, el desamor y la ingratitud, entre otras conductas decadentes de la sociedad.

Todas las personas en algún momento han experimentado vivencias indeseadas o injustas; quizás el fracaso académico, la frustración con su pareja, o problemas de salud inesperados.

En esos momentos críticos de la vida es cuando las personas se dan cuenta de las discrepancias entre quienes son y quienes querrían ser.

Pero ¿cuáles son los resultados diarios de tantas presiones personales?

¿Cuántos eventos positivos deben suceder para poder recuperarse de la adversidad?

Curiosamente, las respuestas a estas preguntas dependen de la forma en la que procesas y respondes a tus emociones.

Hubo alguien una vez quien severamente dañó mi autoestima.

Fue el resultado de una relación embebida en furia, pasión y desencantos; con un final dramático y tempestuoso.

El tipo de relación que ciega y confunde profundamente, donde la agonía de la ruptura es obvia, pero te niegas a aceptarla. Una de esas relaciones frustrantes, angustiosas y tortuosas que nunca pensaste te sucedería a ti.

Pero, me sucedió y me volví irracional por un tiempo.

Era tan profundo el dolor emocional que no deseaba más que deshacerme de este; y la única manera de calmar rápidamente el dolor de las emociones es huyendo de él; y yo sabía que no era algo que podía hacer permanentemente.

Pero estaba tan corroída por la angustia que solo deseaba que esta se evaporara y que el dolor desapareciera. Sólo quería alejarme del sufrimiento de estas tormentosas emociones, lo más lejos como fuera posible, así fuera ignorándolas o adormeciéndolas de alguna manera.

Los seres humanos estamos naturalmente programados para huir del dolor, cualquier tipo de dolor.

Sin embargo, el problema con este enfoque es que crea más problemas, presentándose en forma de enfermedades físicas, ansiedad e inercia emocional.

Para poder alcanzar una vida profundamente satisfactoria, es necesario aprender a enfrentar el dolor. Reconozco que puede ser muy difícil, pero ignorarlo solamente hace que se empeore con el tiempo.

Debes mirar al dolor en los ojos, directamente a su cara y ocuparte de él. Sólo entonces, cuando conquistes tu dolor, encontraras la riqueza, la belleza y la alegría que viene con la verdadera liberación emocional.

Es así, que logré esconderme por un tiempo del horrible tormento que estaba sufriendo. Pero luego me di cuenta de que tenía que enfrentarlo, y transformarlo en amor propio, en autoestima; y esto solo sucedería en la medida en que lograra reconocer y validar el dolor de mis propias emociones.

Cuando las emociones se liberan, ya sean estos sentimientos de ineptitud, amargura, resentimiento, desolación, vergüenza, culpa o soledad, siéntelos completamente.

Sentir tus emociones significa que conscientemente les permites a estas brotar desde tu interior, desde la mente e inundar el cuerpo; observando el efecto que están producen.

No manipules ni trates de controlar estas emociones, permítete estar presente y observar.

"Todo lo que se resiste persiste. Todo lo que se acepta se transforma".

Por lo tanto, en el camino hacia la superación del dolor emocional necesitas aprender a dejar ir el enojo, la ira y la frustración que puedes estar experimentando hacia ti mismo y hacia tu situación actual.

No le ofrezcas resistencia a ninguna de tus emociones, y abraza con gracia todo tu dolor.

Entrégate a lo que es, acepta lo que estás pasando. Aceptar todos tus pensamientos, tus sentimientos y tus fracasos. Acepta el dolor emocional como si lo hubieras elegido.

Sin duda, salir de la oscuridad del dolor emocional es un proceso que requiere de tiempo. Así que, permítete el tiempo necesario para aceptar su presencia en tu vida.

Permítete tiempo para descansar, tiempo para sanar y tiempo para recuperarte. Se amable contigo mismo y cree que todo sucede exactamente como debe de ocurrir.

Permite que las personas, las situaciones y la vida sigan su curso natural, observa tu dolor, tus tormentos y tus derrotas. Observa la corriente continua de pensamientos dañinos que desfila a través de tu mente.

Observar las terribles historias que continúan alimentando tu dolor, pero elige no identificarte con ellas. Elige conscientemente sentir el dolor, y verte a ti mismo como el observador y no como el protagonista de todo el malestar causado por este dolor emocional.

Siente y acepta el dolor; pero no integres el sufrimiento en tu ser, mantente como un observador. No permitas que este dolor se convierta en tu historia de vida.

Permítete sanar a tu propio ritmo. Deja ir la necesidad de controlar el curso de la sanación. Deja ir la necesidad de acelerar tu recuperación emocional.

El dolor es inevitable, el sufrimiento es opcional
-Buddha-

Nadie goza del dolor, y todos queremos correr tan rápido y tan lejos de él como sea posible.

Pero, hay momentos en la vida cuando el dolor exige ser sentido. Exige nuestra presencia, nuestro enfoque y nuestra atención. Por lo tanto, tómate el tiempo para conocer y comprender tu dolor emocional.

Cuando llegues a amarte a ti mismo y a tu dolor como parte de tu vida, cuando te aceptes a ti mismo y aceptes tus sentimientos, entonces el dolor desaparecerá.

Al igual que cuando nos gusta alguien y deseamos compartir tiempo con esa persona; del mismo modo, en los momentos oscuros de nuestra vida, cuando el dolor está presente en nuestros corazones y en nuestras mentes, el mejor regalo que podemos darnos a nosotros mismos es tiempo. Una pausa en la vida para reconocer, amar y apreciar la belleza de nuestro ser. Tiempo para descansar, tiempo para sanar y para recuperarnos completamente de todas las emociones abrumadoras.

¡Levántate y párate firme con la cabeza en alto!

¡Cada una de las vivencias que llegan a ti, llegan por una razón!

Haz el esfuerzo de comprender cuál es esa razón.

Busca aprendizaje en cada experiencia dolorosa. Se un alquimista. Convierte tus heridas en sabiduría y tus dificultades en oportunidades.

¡Deja que tus derrotas te construyan y que el dolor te transforme en una mejor persona!

La felicidad en las diferentes culturas

"Todo el mundo es una persona política, sin importar que diga algo o no. La actitud política no existe por medio de irse al Parlamento; es cómo se maneja la vida dentro del entorno."

Paulo Coelho

La cultura se define como la exhibición colectiva de un grupo acerca de sus creencias, valores, comportamiento y objetos materiales que crea su forma de vida. Es un conjunto complejo de elementos que engloba las formas de pensar, actuar y relacionarse de una comunidad o sociedad en particular.

Las creencias y valores son parte fundamental de la cultura, ya que influyen en la forma en que las personas perciben el mundo y toman decisiones. Estas creencias pueden estar arraigadas en aspectos religiosos, filosóficos, éticos o morales, y varían significativamente de una cultura a otra.

La cultura proporciona estructura, reglas y expectativas que influyen profundamente en cómo los miembros del grupo demuestran, perciben y experimentan sus emociones.

Todas las personas en el mundo quieren ser felices, pero cada cultura tiene diversas opiniones y creencias acerca del significado de la felicidad.

Sin embargo, eruditos en la materia de la felicidad apoyan la idea de que todos los seres humanos desean ser felices sin importar en qué lugar del planeta viven, o las características de la cultura a la que pertenecen.

A lo largo y ancho de todo el planeta, se describe a una persona feliz como alguien que experimenta sentimientos agradables la mayor parte del tiempo y quien en general se siente satisfecho con su vida. Esta descripción general de la felicidad refleja la idea de bienestar subjetivo y una evaluación positiva de la propia vida.

Todos los seres humanos experimentan la felicidad de manera comparable. Sin embargo, lo que varía es la interpretación del concepto de la felicidad el cual está profundamente influenciado por el contexto y los antecedentes culturales de las personas.

Por ejemplo, la mayoría de los occidentales consideran que la felicidad es un derecho humano esencial. Para ellos, el concepto de la felicidad está conectado a experiencias positivas y logros individuales.

Mientras que los occidentales asocian la felicidad con sentimientos positivos y excitantes como la alegría, el entusiasmo y el amor; en China, habitantes de Hong Kong describieron que la felicidad es posible a través de sentimientos tales como la armonía, la serenidad, la calma y la relajación.

Cuando se le pidió a un grupo de japoneses que describieran las características de la felicidad, mencionaron que la armonía social es sólo una característica transitoria de la naturaleza de la felicidad.

En estudios realizados acerca de la influencia cultural sobre el concepto de la felicidad, se encontró que, en los países asiáticos, el rol social de los individuos en su comunidad tiene un mayor impacto en su sentido de identidad y autoestima que en la cultura occidental.

El efecto directo de esta mentalidad colectivista impacta significativamente la vida personal de sus integrantes. Para ellos, un evento contribuye a la felicidad personal solamente si este contribuye a la felicidad del colectivo.

En contraste, los individuos en la cultura occidental tienden a establecer altas expectativas personales, tomándose muy en serio los logros personales hasta el punto de quebrantar su autoestima y perder su bienestar físico como respuesta a la autopercepción del fracaso

La cultura Occidental cree firmemente en la independencia y la autonomía de las personas.

Las personas son intensamente motivadas desde temprana edad a centrarse en el logro personal como por ejemplo el éxito académico, el éxito de formar su propia familia, el éxito de obtener bienes materiales, en este sentido, en la cultura occidental la felicidad es vista como un logro más a conquistar para completar el éxito de la vida.

Referencias

Layard, R. P. y Layard, R. (2011). Felicidad: Lecciones de una nueva ciencia. Pingüino de Reino Unido.

Layous, K., Sheldon, K. M. y Lyubomirsky, S. (2014). Las perspectivas, prácticas y recetas para la búsqueda de la felicidad. Psicología positiva en la práctica: Promover el florecimiento humano en trabajo, salud, educación y vida cotidiana, Segunda edición, 183-206.

Neff, K. D. & Vonk, R. (2009). Self-Compassion versus afroamericana global: dos Diferentes maneras de relacionarse con uno mismo. Diario de la personalidad, 77.1, 23-50.

Oishi, S. & Gilbert, e. A. (2016). Indicaciones actuales y futuras en la cultura y la felicidad investigación. Opinión actual en psicología, 8, 54-58.

Roberts, R. C. (2016). Emociones y cultura. Las emociones y el análisis Cultural, 19-30.

Vosotros, D., Ng, K. Y. y Lian, Y. (2015). Cultura y la felicidad. Investigación de indicadores sociales, 123(2), 519-547.

Huyendo de la felicidad

" Si estos años me han enseñado algo es esto: nunca se puede escapar. Jamás. La única salida está por dentro."
-Junot Día-z

Algunas personas, cuando finalmente encuentran las circunstancias de vida que tanto desearon. Las condiciones que pensaron iban a hacerlos felices, responden a ello de forma inusual; no exactamente acogiendo estas condiciones favorables, sino que, por el contrario, tratan de huir de ellas.

Consciente o inconscientemente, abandonan lo que tanto les costó obtener, o conspiran contra ellos mismo haciendo que todo se desmorone.

Este fenómeno puede ser resultado de diversos factores psicológicos y emocionales.

A veces, las expectativas excesivas o irrealistas que se han construido alrededor de esas circunstancias pueden llevar a una sensación de decepción o insatisfacción una vez que se alcanzan.

También puede haber miedo subconsciente al cambio, lo que provoca una resistencia a aceptar y disfrutar plenamente de las nuevas condiciones de vida.

Además, es posible que algunas personas se autosaboteen inconscientemente por diversos motivos. Puede haber creencias negativas arraigadas sobre el propio valor personal o el auto merecimiento de la felicidad, lo que lleva a actuar en contra de las oportunidades positivas. También puede haber un temor a la pérdida o a la vulnerabilidad asociado con mantener esas condiciones favorables, lo que conduce a una autodestrucción inconsciente para evitar la sensación de perder lo que se ha ganado.

Aunque estas personas deliberadamente expresan su deseo de alcanzar una vida feliz, como todo el mundo, inconscientemente parecen tener una motivación diferente.

Las personas que temen a la felicidad piensan, sienten y se comportan en contra de sus propios intereses. Se comportan contrariamente a lo que están naturalmente programados a hacer como seres humanos; y opuestamente a lo que harían si hubieran tenido la oportunidad de crecer en un ambiente emocionalmente saludable.

Si hubieran crecido bajo las circunstancias apropiadas para su desarrollo individual, entonces estas personas se centrarían en alcanzar su realización personal en un continuo camino hacia a la felicidad.

Nuestra cultura occidental hace hincapié en la importancia del núcleo familiar, donde la madre y el padre son sobrehumanos ante los ojos del pequeño niño en desarrollo. Todas las situaciones y circunstancias que se originan en esta unidad nuclear de familia son aceptadas por el niño como indicadores de la forma en la que las relaciones humanas y el mundo funcionan.

Por ejemplo, cuando un niño vive y crece en un ambiente emocionalmente insalubre de abuso, trauma, y abandono, el niño crece creyendo que estas condiciones son normales, y que así es como debe ser.

Basado en el medio ambiente en el que crece y se desarrolla, el niño interpreta que las personas no deben ser felices. Así, aprende de su ambiente familiar que la felicidad es una utopía y que la gente solamente trata de sobrevivir en un mundo impredecible, cruel e injusto, viviendo el día a día de la mejor manera posible.

No es de extrañarse que aquellas personas que se desarrollaron y crecieron en una familia disfuncional, se sientan incomodos e incluso asustados, cuando la felicidad los encuentra.

Lamentablemente, estas personas tienen una necesidad muy fuerte e irresistible de huir de la felicidad, volviendo nuevamente a las condiciones de vida hostiles que le son conocidas y familiares.

Profundamente en el interior de su ser, en un nivel inconsciente estas personas creen que la felicidad no es para ellos.

Creen que la vida es para sufrir, sienten una necesidad intensa de rodar de una situación abusiva a la siguiente situación traumática, fueron abandonados y abandonan, fueron abusados y abusan; o por el contrario deciden vivir una vida vacía y solitaria.

Han aprendido de sus experiencias que, por la razón que sea, son indignos e incapaces de obtener felicidad.

Escapar de la felicidad, entonces se convierte en una conducta razonable que les facilita volver a la "normalidad".

Contrariamente, cuando las personas aprenden desde la primera infancia que merecen ser amadas y respetadas, que son dignas de alcanzar la felicidad y que a sus semejantes les importa su bienestar físico y emocional, entonces, como adultos ellos buscaran y valoraran la felicidad.

Las rsonas que escapan de la felicidad cada vez que esta los encuentra, seguirán haciéndolo durante toda su vida.

Ellos, son los únicos que pueden detener este proceso si logran profundamente entender que al igual que cualquier otra persona, ellos también merecen ser amados, respetados y valorados.

Estos individuos necesitan seriamente analizar su pasado para poder entender la causa de su percepción y creencias acerca de ellos mismos y del mundo.

Tienen que darse cuenta de que todo este tiempo habían estado profundamente influenciados por las normas subjetivas y valores erróneos que les fue transmitidos a ellos por sus padres y cuidadores de la infancia.

Para romper este ciclo, estos individuos necesitan embarcarse en un proceso de autoexploración y análisis de su pasado. Esto implica examinar sus experiencias pasadas, relaciones significativas, creencias arraigadas y eventos que hayan influido en su percepción de sí mismos y del mundo que les rodea.

Al analizar su pasado de manera seria, pueden identificar las causas profundas de su autodestrucción emocional y su tendencia a escapar de la felicidad. Puede haber experiencias traumáticas, patrones de pensamiento negativos, baja autoestima o heridas emocionales no sanadas que están influyendo en su comportamiento actual.

Es importante destacar que este proceso de análisis del pasado no busca culpar a nadie, incluido a ellos mismos, sino comprender cómo las experiencias pasadas han influido en su perspectiva y creencias actuales. A través de esta comprensión, pueden trabajar en la transformación de esas creencias limitantes y en la adopción de una visión más positiva y saludable de sí mismos.

Construyendo una vida feliz

"La felicidad depende de nosotros mismos."

Aristóteles

La idea de la felicidad se basa en nuestra propia percepción y creencia acerca de cómo llegar a alcanzar una vida significativa y equilibrada. Sin embargo, establecer a la felicidad como una meta que debe obligadamente completarse en un cierto punto de la vida no funcionará; las circunstancias de la vida siempre pueden ser mejores o peores.

La felicidad no reside al final del arco iris como si esta fuera el premio mayor en una competencia llamada "vida".

El sentimiento de felicidad se basa en la percepción de cada individuo acerca de sus circunstancias personales; y sin importar la situación actual la felicidad se puede lograr en este momento si el deseo de felicidad está ardientemente inquietándote ahora.

Puedes alcanzar la felicidad ahora, solamente tienes que concentrarte en lo que va bien en lugar de enfocarse en lo que va mal, centrándote en lo que tienes, en lugar de lo que te hace falta, en tus fortalezas en lugar de tus debilidades.

Tienes que deshacerte de pensamientos y creencias negativas y ceñirte exclusivamente en pensamientos y creencias positivos.

Centrándote en lo que va bien en lugar de lo que va mal, no es estar creando falsas expectativas, como mucha gente podría pensar.

De esta manera, puedes utilizar tu energía para construir sobre lo bueno y eliminar lo malo.

Así, estarás siendo capaz de nutrir cualquier cantidad de felicidad que se presenta en tu vida ahora mismo. Todo el mundo pasa por momentos difíciles en algún momento, todo el mundo tiene que enfrentase a sus errores y fracasos, todo el mundo enfrenta momentos de decepción, pero no todos quedan para siempre atrapados en lo negativo.

Las personas que alcanzan la felicidad han aprendido a centrarse en los aspectos positivos de la vida.

Han aprendido a ver las estrellas en la oscuridad, y cuando está frío han aprendido a buscar un cálido rayo de sol que les de calor.

La felicidad radica en nuestra percepción de las circunstancias y no en las circunstancias mismas.

La percepción juega un papel fundamental en nuestra experiencia de la felicidad. Dos personas pueden enfrentar exactamente la misma situación, pero su reacción y su nivel de satisfacción pueden ser radicalmente diferentes. Esto se debe a que cada individuo interpreta y filtra las experiencias a través de su propia lente subjetiva.

La felicidad permanente es una ilusión, y al igual que todas las emociones, posee una naturaleza evolutiva y transitoria.

Creer que se quedara para siempre es parte de una receta para la decepción, es como tratar de mantener el agua en tus manos sin que se resbale de entre tus dedos.

Aunque creáramos nuestro propio conjunto de circunstancias ideales, nuestra felicidad entonces dependerá de que esas circunstancias nunca cambien y todos sabemos que el cambio es inevitable.

Entonces, la solución para llegar a un estado diario y constante de felicidad reside en encontrar el significado de nuestra existencia y comprometerse en un plan de vida.

En este caso la felicidad, brotara de tu compromiso positivo con la vida y la gente, en lugar de algo indefinido que persigues.

Cuando estés feliz siéntete agradecido y no culpable, se feliz por el solo hecho de ser feliz, solo recuerda que el momento y el sentimiento de felicidad va a pasar de la misma manera que pasa cada estado emocional.

Ahórrate, el sufrimiento psicológico causado por la incesante pregunta "¿porque no puedo sentirme feliz todo el tiempo?"

Date cuenta de que ser feliz todo el tiempo es utópico.

"No es posible tener buenos días todos los días, pero si es posible extraer algo bueno de cada día."

Recientes investigaciones en Psicología positiva y en la ciencia de la felicidad señalaron que las personas felices muestran un patrón de pensamiento y comportamiento que puede afectar fuertemente su sentido de bienestar y felicidad

Algunos hábitos de la gente feliz incluyen:

Expresar sus sentimientos y cultivar relaciones fructíferas con su pareja, familia y amigos cercanos.

Cultivar caridad haciendo obras de bien por los demás en una manera consistente.

Cuidar de sí mismos ejercitando con regularidad y alimentándose saludablemente para mejorar el bienestar físico y mental

Mantenerse involucrado y motivado para alcanzar una meta

Estar agradecido conservando una actitud positiva y mostrando aprecio. La gratitud se relaciona con la manera en que una persona vive su vida en términos de bienestar y compromiso personal con el entorno.

Sentir y expresar gratitud nutre nuestras emociones positivas como alegría, amor y satisfacción. Estudios psicológicos han demostrado que mantener una actitud agradecida ayuda a liberar las emociones negativas como la ansiedad y la depresión

Las emociones positivas están frecuentemente acompañadas por situaciones afortunadas.

La felicidad es intemporal, es una tarea para el presente, una vez que logres domesticar tus emociones, construir confianza y optimismo para el futuro, entonces, vivir conscientemente se debe convertir en tu forma de apuntalar y acrecentar tu sentimiento de felicidad en el presente.

Se consciente, prestando completa atención al momento presente, a la experiencia actual. Ser consiente del momento presente es la herramienta más poderosa para mejorar la salud psicológica

Referencias

DeSteno, D., Gross, j. j. & Kubzansky, L. (2013). Ciencia afectiva y salud: la importancia de la emoción y regulación de la moción. Psicología de la salud, 32(5), 474.

Emmons, r. A. & McNamara, P. (2006). Neurociencia afectiva y emociones sagradas: Gratitud, señalización costosa y el cerebro. Encuentro de Dios y la ciencia: cómo el cerebro y estudios evolutivos alteran nuestra comprensión de la religión, 27-46.

Keng, S. L., Smoski, M. J. & Robins, C. J. (2011). Efectos de la atención en psicológica salud: una revisión de estudios empíricos. Revisión de la psicología clínica, 31(6), 1041- 1056.

Richman, S. L., Kubzansky, L., Maselko, J., Kawachi, I., Choo, P. & Bauer, M. (2005). Emoción positiva y la salud: ir más allá de la negativa. Psicología de la salud, 24(4), 422.

"Rodéate de personas que te den ganas de vivir la vida, que te lleguen al corazón y te nutran el alma"

Esa frase es un hermoso recordatorio de la importancia de rodearnos de personas positivas y enriquecedoras en nuestra vida. La calidad de las relaciones que cultivamos puede tener un impacto significativo en nuestra felicidad y bienestar emocional. Al rodearnos de personas que nos inspiran, nos hacen sentir amados y nos motivan a aprovechar al máximo cada día, podemos encontrar una mayor alegría y significado en nuestras vidas.

Cuando estamos rodeados de personas que nos dan ganas de vivir, podemos experimentar un sentido de conexión y pertenencia. Estas personas pueden ser amigos, familiares o incluso mentores que nos alientan a perseguir nuestros sueños y nos apoyan en los momentos difíciles. Son aquellos que nos entienden a un nivel profundo, nos escuchan activamente y nos brindan un apoyo incondicional.

Además, rodearse de personas que nos llegan al corazón y nos nutren el alma implica buscar relaciones que sean auténticas y significativas.

Estas relaciones nos permiten compartir nuestras alegrías y tristezas, nuestras esperanzas y temores, y nos brindan un espacio seguro para ser nosotros mismos. Son personas con las que podemos construir conexiones profundas, donde existe un intercambio mutuo de amor, respeto y aprecio.

En resumen, rodearnos de personas que nos inspiren y nutran nuestra vida es fundamental para nuestro bienestar emocional. Estas relaciones nos ayudan a encontrar un mayor propósito y significado en nuestra existencia, y nos recuerdan la belleza y la alegría de vivir. Así que, busca rodearte de personas que te hagan sentir vivo/a y te impulsen a disfrutar cada momento.

Anahi P. Munoz